Was ist Lernen an Stationen?

Beim Lernen an Stationen handelt es sich um eine Form selbstständigen Arbeitens, bei der
- ☐ unterschiedliche Lernvoraussetzungen,
- ☐ unterschiedliche Zugänge und Betrachtungsweisen,
- ☐ unterschiedliches Lern- und Arbeitstempo
- ☐ und häufig fächerübergreifendes Arbeiten

berücksichtigt werden.

Grundidee

Den Kindern werden Arbeitsstationen zur individuellen Bearbeitung angeboten, an denen sie selbstständig, in beliebiger Abfolge und meist auch in frei gewählter Sozialform entsprechend ihren Möglichkeiten und Fähigkeiten arbeiten. Damit soll ihnen optimales Lernen und Üben ermöglicht werden.

Herkunft und Entwicklung

Die Idee des Lernens an Stationen, auch Lernzirkel genannt, kommt ursprünglich aus dem Sportbereich. Das „circuit training", von Morgan und Adamson 1952 in England entwickelt, stellt den Sportlern unterschiedliche Übungsstationen zur Verfügung, die sie der Reihe nach oder in freier Auswahl durchlaufen.
Eine Übertragung dieser Lernform auf Unterrichtsinhalte in verschiedenen Fächern wurde zunächst an der Schallenbergschule in Aidlingen/Baden-Württemberg, später am Seminar für schulpraktische Ausbildung in Sindelfingen und seit etwa 1980 an vielen Schulen aufgegriffen und stetig weiterentwickelt.
Der Herausgeber und die Autoren stellen die Ergebnisse ihrer eigenen praktischen Arbeit und Erfahrung in dieser Reihe vor und bieten ihre Materialien als Grundlage für den direkten Einsatz oder als Grundlage für eine Anpassung an eigene Bedürfnisse an.

Zielrichtungen

Das Lernen an Stationen kann unterschiedliche Ziele verfolgen:
- ☐ durch ein breites Angebot optimales Üben ermöglichen, das die verschiedenen Lerneingangskanäle, allgemeine Übungsgesetze, unterschiedliche Aufgabenarten, Schwierigkeiten und Hilfestellungen berücksichtigt,
- ☐ vertiefendes Bearbeiten eines Inhalts beziehungsweise eines Themengebietes, indem Kinder nach zuvor gestalteter Übersicht oder Einführung die Inhalte auf ihre Art, mit ihren Möglichkeiten und in ihrem individuellen Tempo auf unterschiedlichen Ebenen selbstständig bearbeiten,
- ☐ selbstständig Themengebiete erarbeiten, indem die Kinder durch angemessene Arbeitsangebote Sachverhalte hinterfragen, erforschen, erfahren, gestalten usw.,
- ☐ Angebote aus Schulbüchern oder Medien unter ganzheitlicher Betrachtungsweise aufarbeiten, indem die Kinder Aufgabenstellungen zu Teilgebieten mit unterschiedlicher Betrachtungsweise und auf unterschiedlichen Ebenen fächerübergreifend bearbeiten.

Organisation

Die einzelnen Arbeitsaufträge geben den Kindern klare oder offene Aufgabenstellungen mit eindeutigen Anweisungen. Die Angebote werden im Klassenzimmer zur Verfügung gestellt, indem der Arbeitsauftrag durch Aushängen oder Auslegen bereitgestellt wird. Dazu bietet sich zum Schutz das Verpacken in Prospekthüllen an.
Als Ort zum Aushängen eignen sich alle Wand- und zum Teil auch die Fensterflächen. Pinn-Nadeln oder Nägel (Nagelleisten) erleichtern das Aufhängen und Abnehmen.
Beim Auslegen der Arbeitsangebote bzw. -aufträge helfen Ablagekörbe, Ordnung zu halten.
Das Bereitstellen außerhalb der Schülerarbeitstische (also auf Fensterbänken, Nebentischen oder durch Aufhängen) erübrigt das tägliche Aufbauen und Wiederabräumen, stellt also eine große zeitliche und organisatorische Erleichterung dar. Falls im „Fachlehrerbetrieb" der ständige Abbau nötig ist, sind ineinander stapelbare Ablagekörbe, in denen die Aufträge verbleiben, sehr hilfreich.
Die Kennzeichnung der einzelnen Stationen durch Ziffern, Buchstaben oder Symbole hilft den Kindern bei der Orientierung. Durch bewusste Verwendung dieser Ordnungsangebote kann die Struktur des Themengebietes oder eine andere Struktur (z. B. Arbeitsform o. Ä.) gleichzeitig verdeutlicht werden.

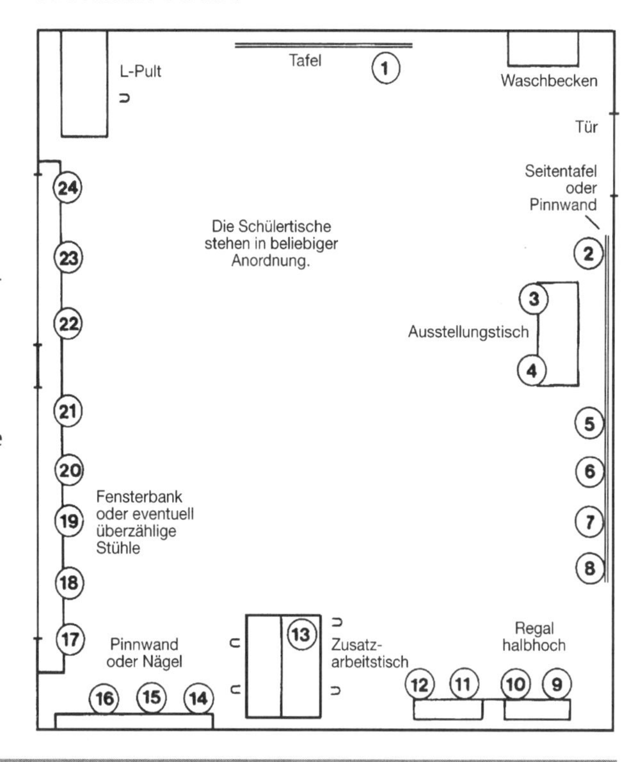

Eine Fortschrittsliste bzw. ein Laufzettel gibt Kindern wie Lehrkräften jederzeit eine Rückmeldung über den derzeitigen Bearbeitungsstand und dient der Übersicht.

Bearbeitungsdauer
Die tägliche Bearbeitungszeit sollte in der Regel etwa eine, im Höchstfall bis zu zwei Unterrichtsstunden betragen. Der insgesamt mögliche Zeitrahmen ist den folgenden Hinweisen zur aktuellen Thematik zu entnehmen.

Auswahlangebote
Den Kindern ist sinnvollerweise ein Auswahlangebot zu ermöglichen. Minimalanforderungen können von der Lehrerin oder dem Lehrer definiert werden. Als Orientierungshilfe finden Sie dazu in den Hinweisen zu diesem Themenheft weitere Angaben.

Einführung
Eine besondere Einführung erübrigt sich meist, wenn die Kinder bereits vor Beginn der eigentlichen Arbeit die Stationen und ausgelegten Materialien ansehen können. Die kindliche Neugier sowie gegenseitige Informationen und Gespräche machen dann nur noch in seltenen Fällen eine Vorstellung einzelner Stationen und die erstmalige Zuweisung der Anfangsstation erforderlich.

Sonstige Tipps
Organisatorische Bedingungen und Festlegungen sind möglichst an der konkreten Situation und erst beim tatsächlichen Bedarf zu klären und zu regeln. Ist die Klassenstärke größer als die Anzahl der zur Verfügung stehenden Arbeitsstationen, können Sie die einzelnen Arbeitsaufträge mehrfach anfertigen. Weitere Hinweise zur Organisation, zu den Inhalten und zum Lernen an Stationen allgemein finden Sie im Einführungsband zu dieser Reihe, der unter dem Titel *Lernen an Stationen in der Grundschule. Ein Weg zum kindgerechten Lernen* beim Cornelsen Verlag Scriptor (ISBN 3-589-21108-3) erschienen ist.

Roland Bauer
(Herausgeber)

Anmerkungen

In unserer Gesellschaft leben Angehörige unterschiedlicher Kulturkreise miteinander und nebeneinander, daher ist es dringend notwendig, dass Kinder „Fremdheit“ als etwas Normales anerkennnen. Wir machen täglich Erfahrungen mit fremden Kulturen, deshalb muss es ein Ziel unserer Erziehung sein, Kinder für fremde Kulturen zu interessieren, sie Erfahrungen mit anderen Kulturen machen zu lassen und damit das Bedürfnis zum Fremdsprachenlernen zu wecken.
Kinder verstehen schon sehr früh, bevor sie überhaupt sprechen können. Das Sprachverstehen geht der Sprachproduktion voraus. Auch uns Erwachsenen geht es im Ausland so, wir verstehen Wörter, ohne sie selbst sprechen zu können. Hierbei ist zwischen passivem – und aktivem Wortschatz zu unterscheiden. Der passive Wortschatz ist in einer Fremdsprache um ein Vielfaches größer als der aktive. Wollen wir einen natürlichen Zugang zur Fremdsprache, so gilt für den Fremdsprachenerwerb in der Grundschule zuerst zu hören, dann zu sprechen. Auch in Alltagssituationen ist zunächst der passive Wortschatz gefordert, um den Gesprächspartner zu verstehen. Später ermöglicht der aktive Wortschatz eine eigene Beteiligung am Gespräch. Dabei müssen Kinder selbst entscheiden können, wann sie sich sprachlich äußern. Sie bestimmen selbst, wann sie reden. Mit einem Redezwang werden Sprachhemmungen keineswegs abgebaut sondern gefördert.
Beim Fremdsprachenlernen in der Grundschule liegen die Unterrichtsschwerpunkte in der mündlichen Spracharbeit, im Hören und Sprechen. In Ansätzen kann manchmal das Wortbild hinzutreten, damit z. B. visuelle Lerntypen eine Hilfe haben, oder die Bewegung beim Schreiben mit dem Sprechen einhergehen kann.
Der Erwerb einer Sprache vollzieht sich im Kindesalter in zeitlich unregelmäßigen Abständen. Beobachten wir das Sprachenlernen, so lernen Kinder manchmal relativ schnell viele neue Wörter und Formulierungen. Ja, manchmal meinen wir Erwachsene, das Kind hätte bestimmte Sachverhalte nicht mitbekommen, oder bestimmte Wörter nicht gelernt. Zu einem späteren Zeitpunkt werden wir aber eines Besseren belehrt, wenn das Kind das Wort in einem neuen Zusammenhang anwendet. Das Kind hat nur über das Hören, fast zufällig, gelernt.
Wenden wir diese Beobachtungen auf das Fremdsprachenlernen an, so ist die notwendige Konsequenz eine Abkehr vom 45-Minuten Takt. Am effektivsten sind kurze Lernsequenzen von ca. 10–15 Minuten täglich.
Fremdsprachenunterricht in der Grundschule muss die Optionen des Kindes berücksichtigen. Im Mittelpunkt steht das Kind mit seiner individuellen Beziehung zu Sprache und Kultur. Die Persönlichkeitsförderung des Kindes als Ganzes ist Zielsetzung, intellektuelle Fertigkeiten sind zweitrangig. Die Schlussfolgerung heißt dann, alle Fächer und Lernbereiche des Grundschulunterrichts zu integrieren, statt sie isoliert zu vermitteln. Englisch in der Grundschule muss Verknüpfungen und Anknüpfungen an andere Fächer und Inhalte, die das Kind betreffen, suchen. Lehrgangsorientierung steht dazu im Gegensatz. Im Unterricht werden Situationen aufgegriffen, in denen Fremdsprache gebraucht wird. Einfache mündliche Sprachprozesse sollen verstanden werden; Lieder, Gedichte und Reime helfen dabei.
Lernen an Stationen ermöglicht individuelles und selbstständiges Lernen. Dies kann erreicht werden, z. B. durch den Einsatz von Kassettenrekorder oder Walkman. Das

Kind kann, so oft wie es für es notwendig ist, den Text, den Satz oder das Wort hören; es kann jederzeit diese Hörinformation abrufen.
Durch Stationen können Kinder selbst aktiv werden, Kreativität entfalten und individuelle Lösungsmöglichkeiten mit eigenem Lerntempo finden:

- Sie erstellen selbst ein Poster oder ein Bild. Jedes Kind bestimmt selbst, was auf seinem Poster oder seinem Bild wichtig ist; es wählt selbst die Gestaltungsform, die Darstellungsart und die Farben.
- Sie gestalten Bilder, bewegen sich zu Liedern oder entfalten sich im Rollenspiel. Jedes Kind gestaltet nach eigenem Willen und eigener Idee, es macht seine eigenen Bewegungen und stellt Personenrollen im Spiel selbst dar.
- Sie setzen sich mit einer Aufgabe selbst auseinander. Jedes Kind wählt selbst die Station, die es bearbeitet. Vorteil: Es muss selbst an die Aufgabe gehen, sie begreifen und nach einer Lösung suchen.

Die Stationen müssen einen Bezug zum Kind haben, also kindgerechte Inhalte und Themen mit musischen Elementen haben. Die Sprache als Träger von Bildungsgut enthält viele musische Elemente. Dazu zählen Spiele, Lieder, Reime, Tänze und bildnerisches Gestalten. Für die Grundschule ist eine gewisse Reduktion der sprachlichen Mittel erforderlich – einfacher Wortschatz und einfache Satzkonstruktionen. Die Arbeit an Stationen sollte aus anderen Fächern bekannt sein, damit die Kinder sich ganz auf die Fremdsprache konzentrieren und problemlos mit der Methode umgehen können.

Anmerkungen zu den einzelnen Stationen

Die vorliegenden Stationen können sowohl als Ganzes, als auch teilweise im Unterricht eingesetzt werden. Sie können dabei sowohl horizontal nach den fünf Themenbereichen **Seasons, Spring, Summer, Autumn** und **Winter**, als auch vertikal nach den sechs Problemfeldern **Words, Rhyme, Song, Text, Activity** und **Game** auswählen.

	A. Seasons	**B. Spring**	**C. Summer**	**D. Autumn**	**E. Winter**
1. Words	Seasons and months	Spring words	Summer words	Autumn words	Winter words
2. Rhyme	Through the year	April showers	Summer is here	A kite	My snowman
3. Song	Sally go round the year	Rain, rain, rain	Children in summer	I like to fly my kite	I'm Billy
4. Text	Activities through the seasons	The flower story	Going swimming	Let's make a windmill	The hungry rabbit
5. Activity	A calendar	A walk through the garden	Who wants to do what?		Dot to dot

Alle Arbeitsaufträge sind auf Englisch und auf Deutsch auf den Stationenblättern angegeben. Die Stationenblätter sollten in der Mitte geknickt und wie Klappkarten an der Station aufgestellt werden. Erfahrungsgemäß nutzen die Kinder in erster Linie die deutschsprachigen Arbeitsanweisungen, setzen sich aber zunehmend auch mit den englischsprachigen auseinander.
Die Materialien, die an den einzelnen Stationen benötigt werden, sind auf den Stationenblättern aufgeführt. Sie finden zu nahezu allen Stationen Texte und Lieder von englischen Muttersprachlern gesprochen bzw. gesungen auf der beiliegenden CD. Damit können Sie den Kindern eine erstklassige Hörvorlage zur Verfügung stellen. Es wird auf das Hörverstehen der Schwerpunkt gelegt, da Kinder im Fremdsprachenunterricht der Grundschule möglichst oft und viel die Fremdsprache hören sollen (Sprachbad). Über das Hören werden die Kinder an das Sprechen herangeführt. Kinder dieser Altersgruppe erhalten zunächst über das Hören und Sprechen einen Zugang zu einer Fremdsprache. Die Fertigkeiten Lesen und Schreiben spielen nur untergeordnete Rollen, da es in dieser frühen Phase des Fremdsprachenunterrichts schnell zu Überforderungen und damit Motivationsschwierigkeiten kommt.
Die Hörtexte und Lieder der CD müssen für die jeweiligen Stationen auf einzelne Kassetten überspielt werden, damit gewährleistet ist, dass an jeder Station nur der ausgewählte Bereich zu hören ist. Dabei hat sich der Einsatz von Walkmans bewährt, da sie relativ einfach zu bedienen sind und einen Kopfhörer haben. Die Inhaltsübersicht der CD finden Sie auf der zweiten Umschlagseite.
Lösungsblätter erstellen Sie, indem Sie die Arbeitsblätter kopieren, ausfüllen oder anmalen. Die Lösungsblätter können an der Tafel oder einer Pinnwand befestigt werden, sollten aber auf jeden Fall getrennt von den Stationen sein. Damit üben schon die Kinder in der Grundschule die Selbstkontrolle. Die Lieder eignen sich auch sehr zum Einstieg in den Englischteil einer Stunde, als Anfang einer Kreisrunde oder zum Stundenende.

Laufzettel von: ....

Die folgenden Stationen habe ich schon geschafft:

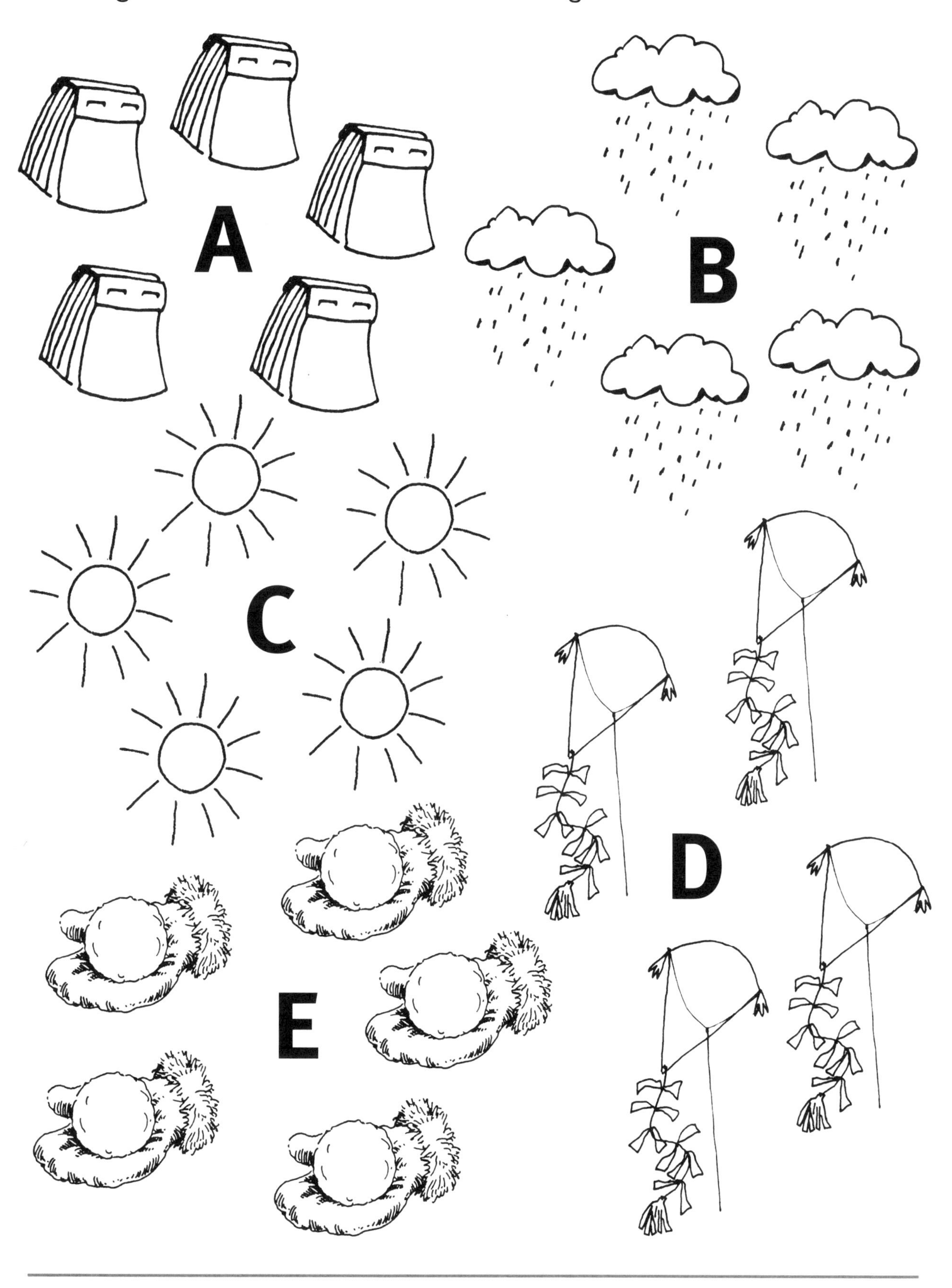

Jahreszeiten und Monate

Station A1

1. Lege die Bildkarten vor dich.
2. Sortiere die Karten nach den Nummern.
3. Höre dir die Kassette an und wiederhole die Wörter.
4. Ordne den Jahreszeiten die richtigen Monate zu.

Material: Bildkarten mit Symbolen der Jahreszeiten, Kassette, Kassettenrekorder, Wortkarten mit den Monatsnamen

Seasons and months

Station A1

1. Put the cards in front of you.
2. Sort the cards in order: 1-4.
3. Listen to the cassette and repeat the seasons.
4. Put the cards for the months together with the right seasons.

Material: picture cards with symbols of the seasons, cassette, cassette-recorder, word cards with the months

© Cornelsen Verlag Scriptor, Berlin • Lernen an Stationen • Themenheft »Seasons – Die Jahreszeiten« 6

January	February	March
April	May	June
July	August	September
October	November	December

1	2
3	4

Through the year — Station A2

1. Listen to the cassette.
2. Try to repeat the rhyme.
3. Learn the rhyme.
4. Colour in the picture.

Material: cassette, cassette-recorder, picture of the seasons, colouring pencils

Durch das Jahr — Station A2

1. Höre dir den Reim an.
2. Versuche ihn zu wiederholen.
3. Lerne den Reim.
4. Male das Jahreszeitenbild an.

Material: Kassette, Kassettenrekorder, Jahreszeitenbild, Buntstifte

Through the year

There are twelve months in a year,
but only four seasons are here.

The seasons come in a row,
first winter brings us snow.

then spring brings many showers,
and summer millions of yellow flowers.

Autumn brings wind and rain,
then the seasons start again.

Sally go round the year ... Station A3

1. Listen to the song.
2. Hum the melody.
3. Sing the song.
4. Find one or more partners.
5. Stand in a circle with your partners and hold hands.
6. Go round while singing.
7. Sit down after „every year".

Material: cassette, cassette-recorder

Sally go round the year,
Sally go round the months,
Sally go round the seasons, too
every year.

Sally go round the year Station A3

1. Höre dir das Lied an.
2. Summe die Melodie.
3. Singe das Lied.
4. Finde einen oder mehrere Partner.
5. Stelle dich mit deinen Partnern im Kreis auf und haltet euch bei den Händen.
6. Geht im Kreis herum, während ihr das Lied singt.
7. Geht in die Hocke, wenn ihr „every year“ gesungen habt.

Material: Kassette, Kassettenrekorder

Sally go round the year,
Sally go round the months,
Sally go round the seasons, too
every year.

© Cornelsen Verlag Scriptor, Berlin • Lernen an Stationen • Themenheft »Seasons – Die Jahreszeiten« 11

Activities through the seasons Station A4

1. Listen to the text.
2. Take a worksheet and fill in the seasons.
3. Listen to the text again.
4. Connect each seasons-paragraph with the right pictures.

Material: cassette, cassette-recorder, worksheet, pencil

Aktivitäten während der Jahreszeiten Station A4

1. Höre dir den Text an.
2. Nimm ein Arbeitsblatt und schreibe die Jahreszeiten in die vorgesehenen Zeilen.
3. Höre dir den Text nochmals an.
4. Verbinde die Jahreszeiten-Absätze jeweils mit den richtigen Bildern.

Material: Kassette, Kassettenrekorder, Arbeitsblatt, Bleistift

In _______________ it snows,
so we go sleighing and make a snowman.

In _______________ it's sometimes sunny,
sometimes rainy,
we want to play with our ball outside.

In _______________ it's hot,
so we go swimming in the pool.

In _______________ it's windy,
we make a kite and let it fly.

A calendar

Station **A5**

1. Let's make a calendar.
2. Find a partner.
3. Take a worksheet.
4. Draw pictures of the seasons into the inner circle.
5. Cut out the two circles.
6. What months belong to the seasons? Tell your partner!
7. Glue the two circles together in the right way!
8. Hang up your calendar.

Material: colouring pencils, worksheet, scissors, glue

Ein Kalender

Station **A5**

1. Wir wollen einen Kalender herstellen.
2. Suche dir einen Partner oder eine Partnerin.
3. Nimm ein Arbeitsblatt.
4. Male Bilder von den Jahreszeiten in den inneren Kreis.
5. Schneide die beiden Kreise aus.
6. Welche Monate gehören zu welcher Jahreszeit?
   Erzähle es deinem Partner!
7. Klebe die beiden Kreise richtig zusammen
8. Hänge deinen Kalender auf

Material: Arbeitsblatt, Buntstifte, Schere, Kleber

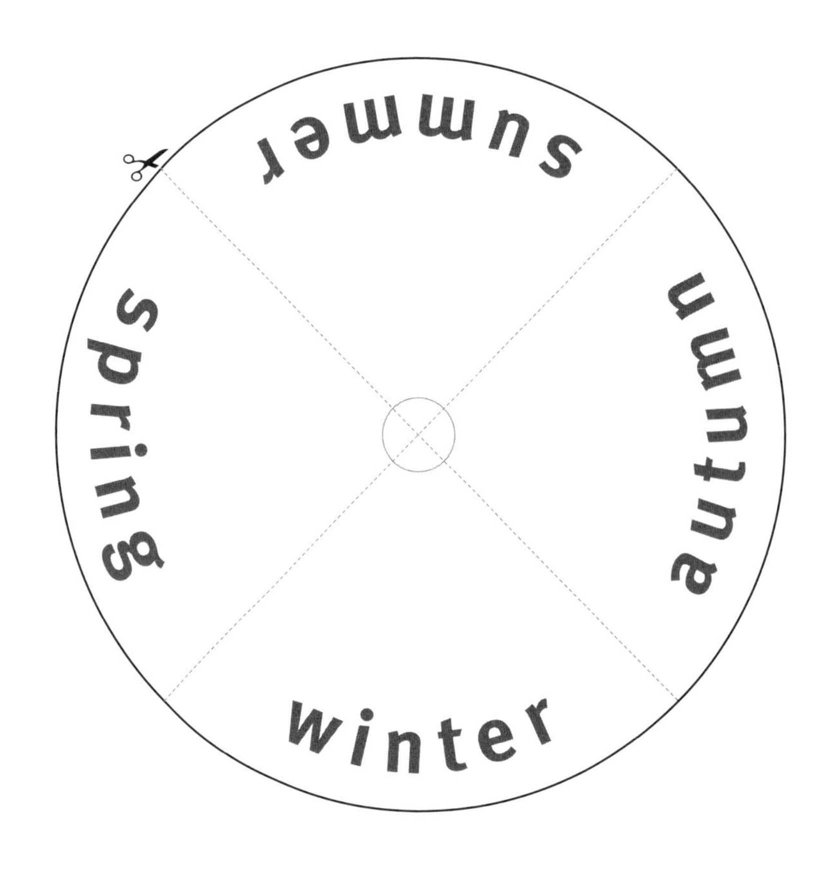
summer
autumn
winter
spring

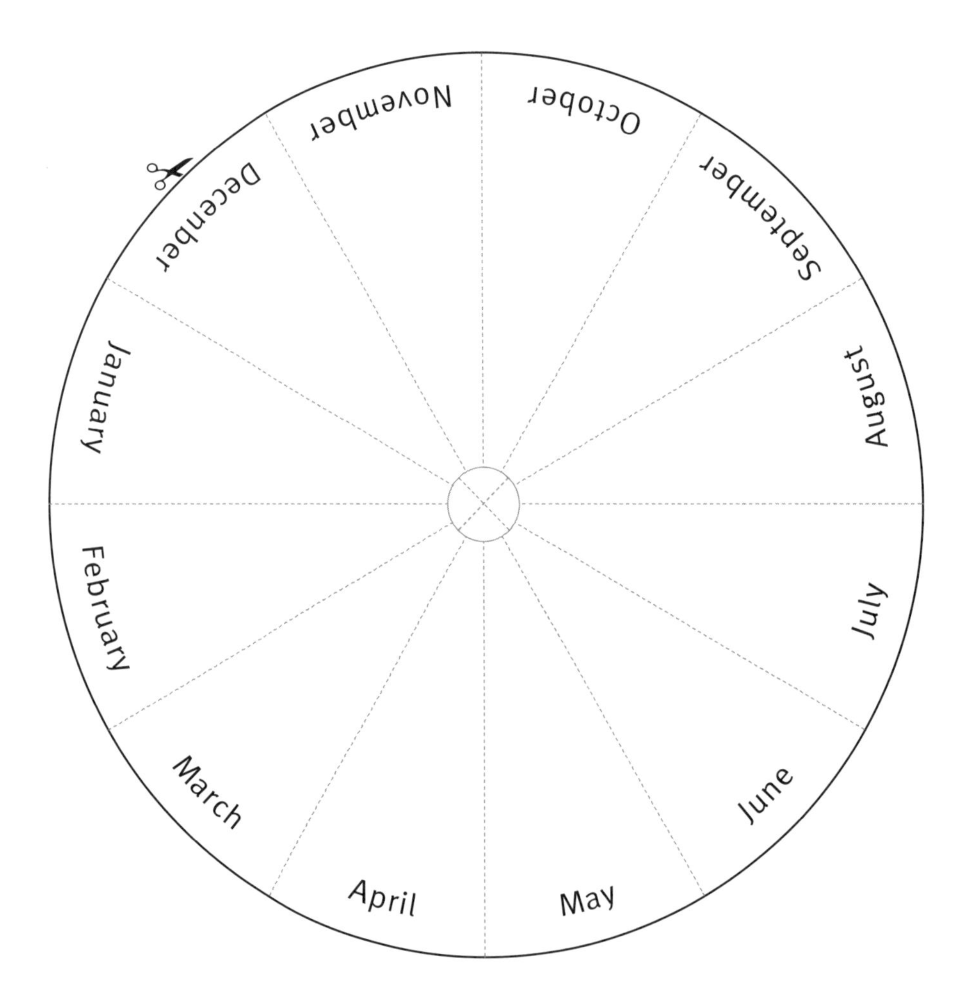
November
October
December
September
January
August
February
July
March
June
April
May

© Cornelsen Verlag Scriptor, Berlin • Lernen an Stationen • Themenheft »Seasons – Die Jahreszeiten« 15

Spring words
Station B1

1. Listen to the cassette.
2. Look at the pictures.
3. Repeat the words.
4. Take a worksheet.
5. Write the words on the worksheet.
6. Cut out the umbrella.
7. Glue the umbrella into your exercise book.

Material: cassette, cassette-recorder, worksheet,
pencil, scissors, glue

Frühlingswörter
Station **B1**

1. Höre dir die Kassette an.
2. Schau dir die Bilder an.
3. Wiederhole die Wörter.
4. Nimm ein Arbeitsblatt.
5. Schreibe die Wörter an die richtige Stelle auf dem Regenschirm.
6. Schneide den Schirm aus.
7. Klebe den Schirm in dein Heft.

Material: Kassette, Kassettenrekorder, Arbeitsblatt,
Bleistift, Schere, Kleber

May bird leaf sun flower
rain umbrella April

© Cornelsen Verlag Scriptor, Berlin • Lernen an Stationen • Themenheft »Seasons – Die Jahreszeiten« 17

April showers

Station B2

1. Listen to the text.
2. Look at the pictures.
3. Listen to the text again.
4. Repeat the text.
5. Learn the text.

Material: cassette, cassette-recorder, text- and picturesheet

April showers

Station B2

1. Höre dir den Text an.
2. Schau dir die Bilder an.
3. Höre den Text nochmals an.
4. Wiederhole den Text.
5. Lerne den Text.

Material: Kassette, Kassettenrekorder, Text- und Bildblatt (evtl. foliert)

April showers

In March and April, spring brings showers,
to water the grass and beautiful flowers.

Leaving home, you should never forget,
take an umbrella and don't get wet.

Regen, Regen, Regen

Station B3

1. Höre dir das Lied an.
2. Summe die Melodie.
3. Versuche das Lied mitzusingen.
4. Male ein Bild von einem regnerischen Tag im Frühling.

Material: Kassette, Kassettenrekorder, Papier, Buntstifte

Rain, rain, rain, is falling down to earth,
rain, rain, rain is watering the ground.

All the flowers need the rain and the trees do too,
rain, rain, rain is falling down to earth.

Rain, rain, rain

Station B3

1. Listen to the song.
2. Hum the melody.
3. Try to sing the song.
4. Draw a picture of a rainy day in spring.

Material: cassette, cassette-recorder, sheet of paper, colouring pencils

Rain, rain, rain, is falling down to earth,
rain, rain, rain is watering the ground.

All the flowers need the rain and the trees do too,
rain, rain, rain is falling down to earth.

© Cornelsen Verlag Scriptor, Berlin • Lernen an Stationen • Themenheft »Seasons – Die Jahreszeiten« 19

The flower story

Station **B4**

1. Listen to the text.
2. Take an instruction sheet.
3. Look at the pictures.
4. Listen again and do the movements.
5. Find a partner and do the movements together.

Material: cassette, cassette-recorder, instruction sheet

Die Blumengeschichte

Station **B4**

1. Höre dir den Text an.
2. Nimm das Anweisungsblatt.
3. Schau dir die Bilder an.
4. Höre nochmals die Kassette an und mache dazu die Bewegungen.
5. Finde einen Partner und macht die Bewegungen zusammen.

Material: Kassette, Kassettenrekorder, Anweisungsblatt

I'm a little flower who is very small		*crouch as low as you can (mach dich so klein wie möglich)*	
I need some sun		*put your hands over your head and show the sun (nimm die Hände über den Kopf und stelle die Sonne dar)*	
I need some water		*wiggle your fingers (bewege die Finger)*	
Sun and water make me grow taller and taller		*slowly rise up (erhebe dich langsam)*	
now I'm big and		*stretch your arms (dehne die Arme)*	
everyone – you and you and ...–		*point to your friends (zeige auf deine Freunde)*	
can smell me.		*wiggle your nose (schniefe)*	

© Cornelsen Verlag Scriptor, Berlin • Lernen an Stationen • Themenheft »Seasons – Die Jahreszeiten« 22

A walk through the garden — Station B5

1. Find one or more partners.
2. Throw the dice.
3. The first person to throw a six may startthe game.
4. When you land on a picture you have to say the English word.
   You find the words in the garden.
5. If you can't answer the word, go back to the last picture.
6. Who is the first person to arrive at home?

Material: game board, dice, counter

Ein Spaziergang durch den Garten — Station B5

1. Finde einen oder mehrere Partner.
2. Würfelt.
3. Derjenige, der zuerst eine 6 gewürfelt hat, darf beginnen.
4. Kommt ihr auf ein Bild müsst ihr das englische Wort sagen.
   Die Wörter findet ihr auch im Garten.
5. Wenn ihr das Wort nicht wisst, geht zurück bis zum letzten Bild.
6. Wer ist zuerst zu Hause?

Material: Spielplan, Würfel, Spielfiguren

APRIL
SUN
UMBRELLA
RAIN
APRIL
FLOWER
MOUSE
BIRD
BALL
LEAF
START

Summer words — Station C1

1. Listen to the cassette.
2. Look at the pictures.
3. Listen again to the cassette.
4. Repeat the words.
5. Find a partner.
6. Take the ball.
7. Throw the ball to your partner and say a word.
8. Your partner throws back the ball and repeats your word.
9. Throw the ball once more and say another word. And so on …

Material: cassette, cassette-recorder, picturesheet, ball

Sommerwörter — Station C1

1. Höre dir die Kassette an.
2. Schau dir die Bilder an.
3. Höre dir die Kassette nochmal an.
4. Wiederhole die Wörter.
5. Finde einen Partner.
6. Nimm einen Ball.
7. Wirf den Ball zu deinem Partner und sage ein Wort.
8. Dein Partner wirft den Ball zurück und wiederholt dein Wort.
9. Wirf den Ball noch einmal zu deinem Partner und sage ein anderes Wort. Und so weiter …

Material: Kassette, Kassettenrekorder, Bilderblatt, Ball

sun
sun-glasses
hot
swim
tree
beach
pool
bike
friends
sunshade
ice-cream
drink

Der Sommer ist da — Station C2

1. Höre dir den Reim an.
2. Höre dir den Reim noch einmal an.
3. Versuche den Reim zu sagen.
4. Male ein Sommerbild.

Material: Kassette, Kassettenrekorder, Papier, Buntstifte

Summer is here

Summer is here,
holidays are near,
let‘s forget school,
let‘s go to the pool.

A cool wind is blowing,
the sun is shining,
let us play in the sun,
oh, summer is fun!

Summer is here — Station C2

1. Listen to the rhyme.
2. Listen one more time to the rhyme.
3. Try to say the rhyme.
4. Draw a summer picture.

Material: cassette, cassette-recorder, sheet of paper, colouring pencils

Summer is here

Summer is here,
holidays are near,
let's forget school,
let's go to the pool.

A cool wind is blowing,
the sun is shining,
let us play in the sun,
oh, summer is fun!

© Cornelsen Verlag Scriptor, Berlin • Lernen an Stationen • Themenheft »Seasons – Die Jahreszeiten« 26

Children in summer

Station C3

1. Listen to the song.
2. Sing along.

Material: cassette, cassette-recorder

Kinder im Sommer

Station C3

1. Höre dir das Lied an.
2. Singe mit.

Material: Kassette, Kassettenrekorder

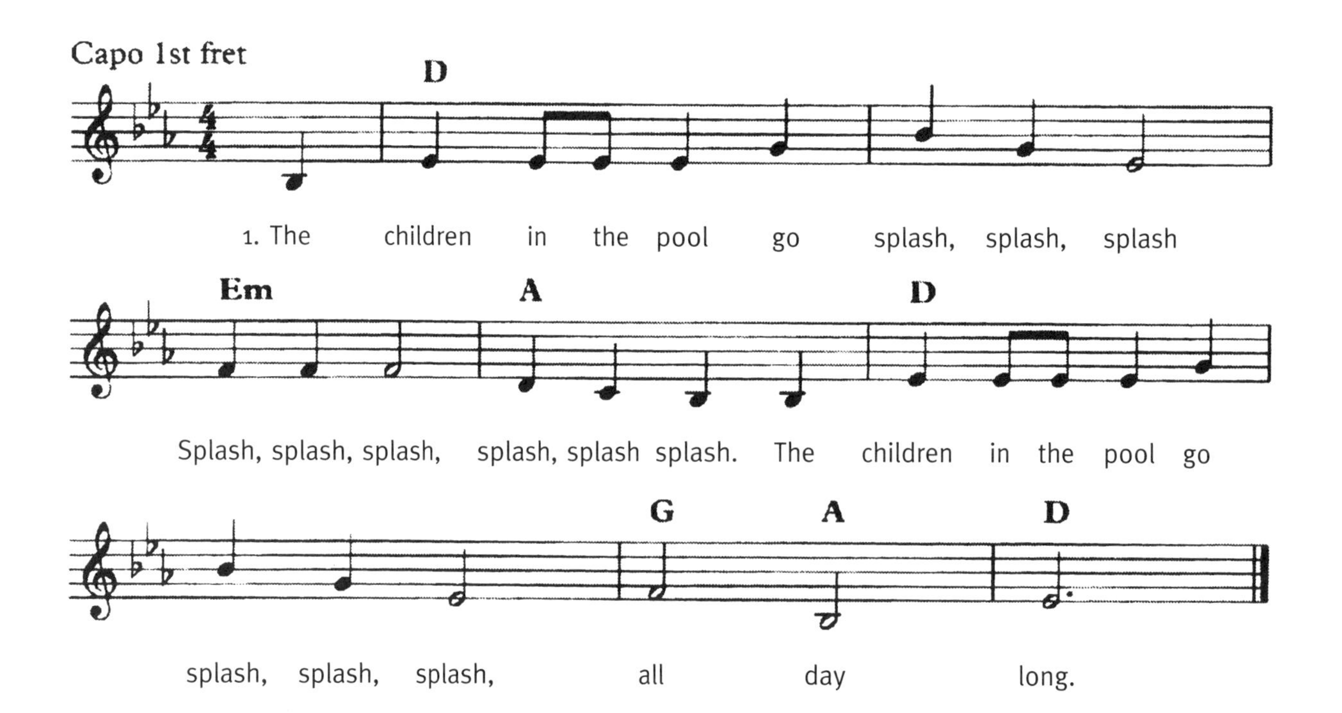

2. The children bounce the ball boing, boing, boing
boing, boing, boing,
boing, boing, boing.
The children bounce the ball boing, boing, boing,
all day long.

3. The children ride old bikes rattle, rattle, rattle
rattle, rattle, rattle,
rattle, rattle, rattle.
The children ride old bikes rattle, rattle, rattle,
all day long.

© Cornelsen Verlag Scriptor, Berlin • Lernen an Stationen • Themenheft »Seasons – Die Jahreszeiten« 29

Going swimming — Station C4

1. Listen to the text.
2. Listen again and repeat it.
3. Take a worksheet.
4. Fill in the missing words.
5. Read the words or if you can, the whole text.

Material: cassette, cassette-recorder, worksheet, pencil

Wir gehen schwimmen — Station C4

1. Höre dir den Text an.
2. Höre den Text noch einmal und wiederhole ihn.
3. Nimm ein Arbeitsblatt.
4. Setze die fehlenden Wörter ein.
5. Lies die Wörter oder wenn du kannst, den ganzen Text.

Material: Kassette, Kassettenrekorder, Arbeitsblatt

play swim hot pool bike friends lie sun

Today it's __________

I take my __________

I'm going to the __________

All my __________ are there.

We __________ in the pool,

________ ball and ________ in the ________

© Cornelsen Verlag Scriptor, Berlin • Lernen an Stationen • Themenheft »Seasons – Die Jahreszeiten« 31

Who wants to do what? Station C5

1. Take a worksheet.
2. Find a partner.
3. Listen to the sample-sentence.
4. Follow the lines. Who wants to do what ?
5. Tell your partner.
6. Colour in your picture!

Material: worksheet, colouring pencils, cassette, cassette-recorder

Wer will was tun? Station C5

1. Nimm ein Arbeitsblatt.
2. Suche dir einen Partner.
3. Höre dir den Beispielsatz an.
4. Folge den Linien. Wer will was tun?
5. Erzähle es deinem Partner!
6. Male das Bild an!

Material: Arbeitsblatt, Malstifte, Kassette, Kassettenrekorder

... play football.
... lie in the sun.
... take his bike.
... have an ice-cream.

© Cornelsen Verlag Scriptor, Berlin • Lernen an Stationen • Themenheft »Seasons – Die Jahreszeiten«

Autumn words
Station D1

1. Find a partner.
2. Listen to the cassette.
3. Look at the pictures.
4. Repeat the words and write them down,
   under the corresponding picture.
5. Explain one word to your partner with actions, but without words.
6. Your partner has to guess the word.
   Afterwards he explains a word to you with actions, but without words.

Material: cassette, cassette-recorder, pictures, worksheet

Herbstwörter
Station D1

1. Finde einen Partner.
2. Hört euch die Kassette an.
3. Schaut euch die Bilder an.
4. Wiederholt die Wörter und schreibt sie unter das passende Bild.
5. Erklärt euch gegenseitig abwechselnd ein Wort nur durch
   Bewegungen, ohne Worte.
6. Dein Partner muss das Wort erraten.
   Dann erklärt er Dir ein Wort nur durch Bewegungen, ohne Worte.

Material: Kassette, Kassettenrekorder, Arbeitsblatt

kite ground rain tea fruits
leaf sing sun wind cloud

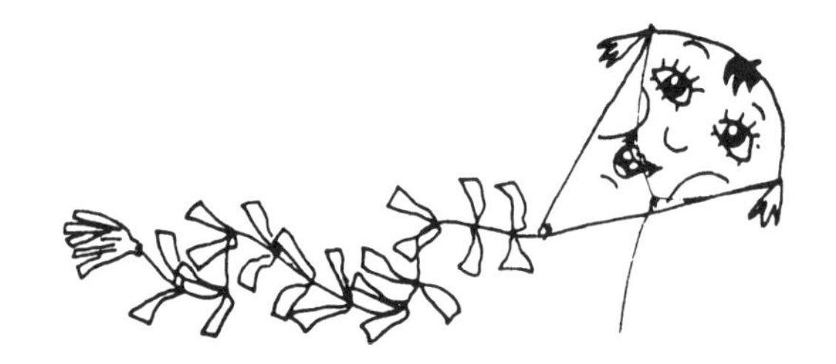

1 ______________________ 2 ______________________

3 ______________________ 4 ______________________

5 ______________________ 6 ______________________

7 ______________________ 8 ______________________

9 ______________________ 10 ______________________

A kite

Station **D2**

1. Listen to the cassette.
2. Look at the information sheet.
3. Listen again.
4. Learn the rhyme.
5. Make a little kite you can hang up in the classroom.

Material: cassette, cassette-recorder, information sheet, paper, string, glue, scissors

A kite on the ground
Is just paper and string,
but up in the air
it will dance and will sing.

A kite

Station **D2**

1. Höre dir die Kassette an.
2. Höre nochmals hin.
3. Lerne den Reim.

Material: Kassette, Kassettenrekorder

A kite on the ground
Is just paper and string,
but up in the air
it will dance and will sing.

36 © Cornelsen Verlag Scriptor, Berlin • Lernen an Stationen • Themenheft »Seasons – Die Jahreszeiten«

I like to fly my kite — Station D3

1. Listen to the song.
2. Hum the melody.
3. Sing the song.
4. Make an autumn collage with paper from the magazines.

Material: cassette, cassette-recorder, magazines

Ich lasse meinen Drachen steigen — Station D3

1. Höre dir das Lied an.
2. Summe die Melodie.
3. Singe das Lied.
4. Mache eine Herbstcollage mit Papierstücken aus den Zeitschriften.

Material: Kassette, Kassettenrekorder, Zeitschriften

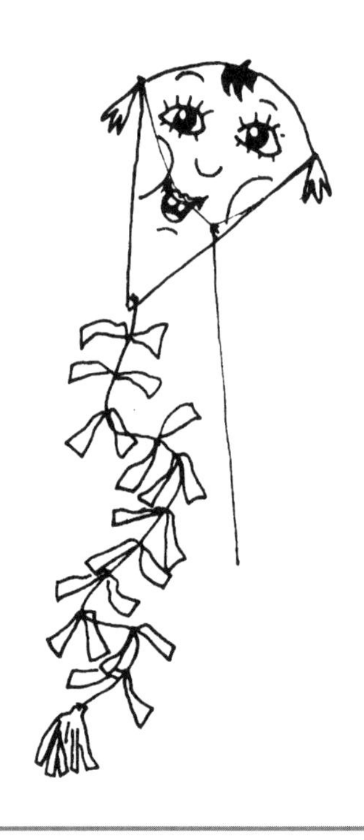

I like to fly my kite – Song

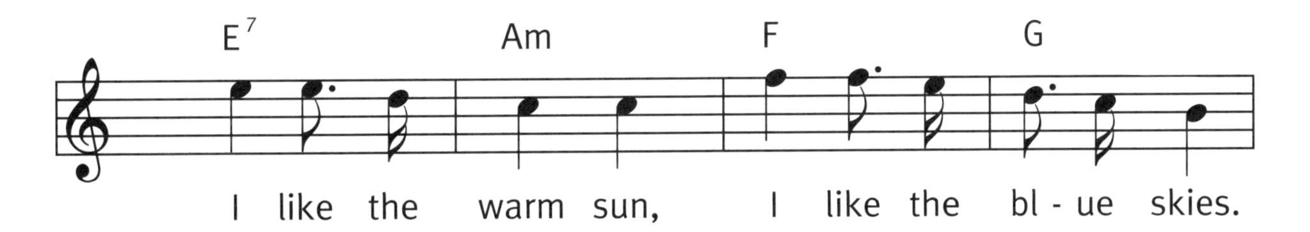

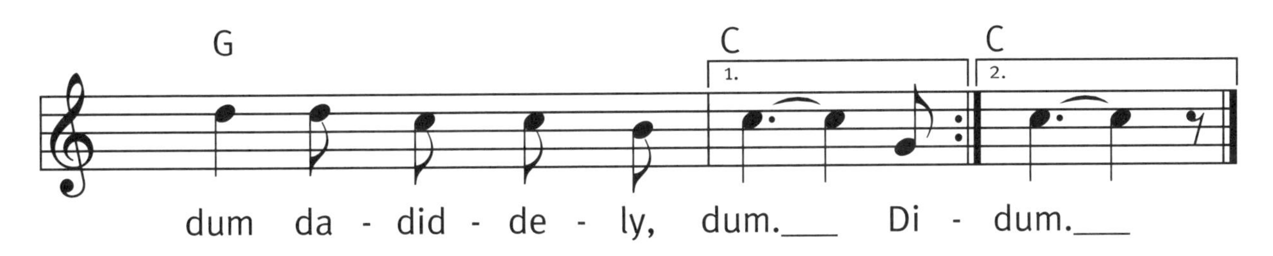

Let's make a windmill — Station D4

1. Take the instruction sheet and a square piece of paper.
2. Draw diagonal lines on the paper as shown in the instruction.
3. Cut along the diagonal lines up to 1 cm from the center.
4. Fix the corners to the center.
5. Take a stick. Put the needle through the center of the windmill.
   Before and behind the windmill you put a wooden pearl.
   Make the hole a bit larger so that the windmill can rotate easily.
   Fix the windmill with the needle to the stick.

Material: instruction sheet, square paper, scissors, pin, wooden pearl, stick

38 © Cornelsen Verlag Scriptor, Berlin • Lernen an Stationen • Themenheft »Seasons – Die Jahreszeiten«

Wir wollen ein Windrad basteln — Station D4

1. Nimm die Bastelvorlage und ein quadratisches Blatt Papier.
2. Zeichne diagonale Linien auf das Papier, wie es auf der Vorlage gezeigt wird.
3. Schneide entlang der diagonalen Linien bis 1 cm vor dem Mittelpunkt ein.
4. Befestige die Ecken mit Kleber auf der Mitte.
5. Nimm einen Stock. Stecke die Nadel durch die Mitte des Windrades. Vor und hinter das Windrad steckst du eine Holzperle auf die Nadel und mach das Loch ein bisschen größer, sodass sich das Windrad leicht drehen kann. Dann stecke die Nadel mit dem Windrad auf den Stock.

Material: Bastelvorlage, quadratisches Papier, Schere, Stecknadel, Holzperlen, Stock

Bastelvorlage

Winterwörter

Station **E1**

1. Höre dir die Kassette an.
2. Schau dir die Bilder an.
3. Höre dir die Kassette nochmals an.
4. Wiederhole die Wörter und schreibe sie unter das passende Bild.

Material: Kassette, Kassettenrekorder, Arbeitsblatt

Winter words

Station **E1**

1. Listen to the cassette.
2. Look at the picture.
3. Listen again.
4. Repeat the words.

Material: cassette, cassette-recorder, worksheet

© Cornelsen Verlag Scriptor, Berlin • Lernen an Stationen • Themenheft »Seasons – Die Jahreszeiten« 40

snowman broom hat nose scarf sledge
snowball carrot rabbit soup

1 ______________________

2 ______________________

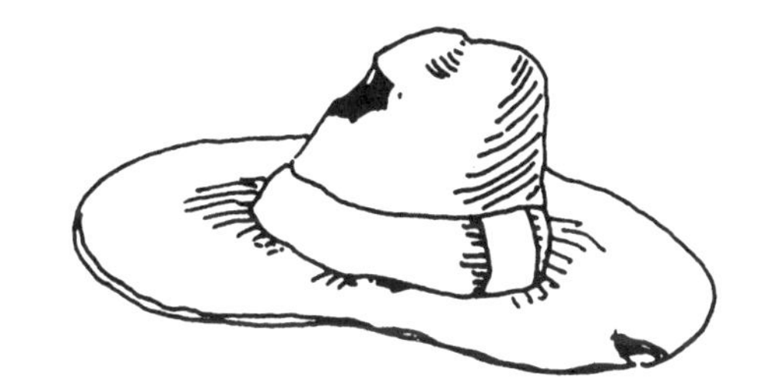

3 ______________________

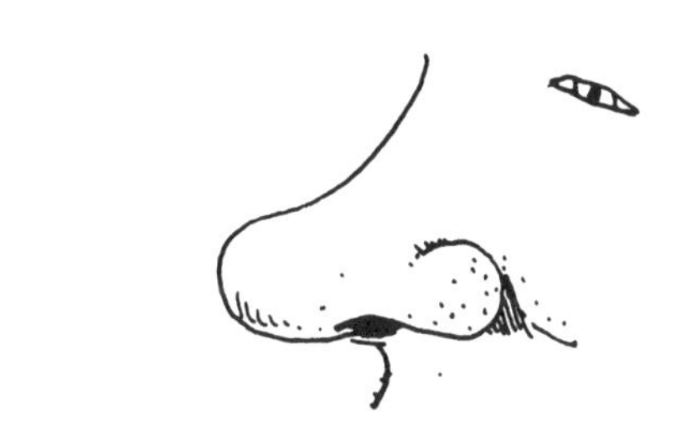

4 ______________________

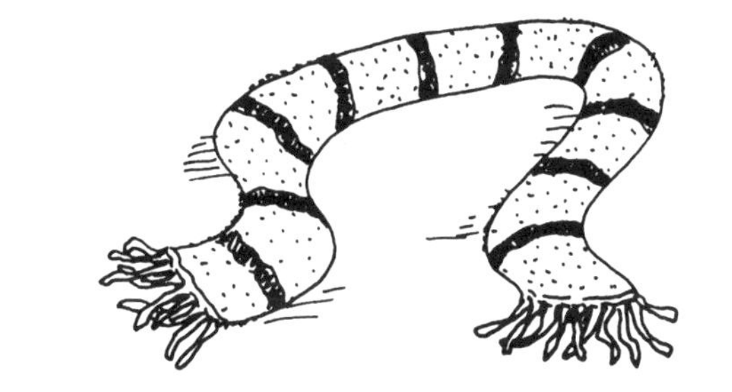

5 ______________________

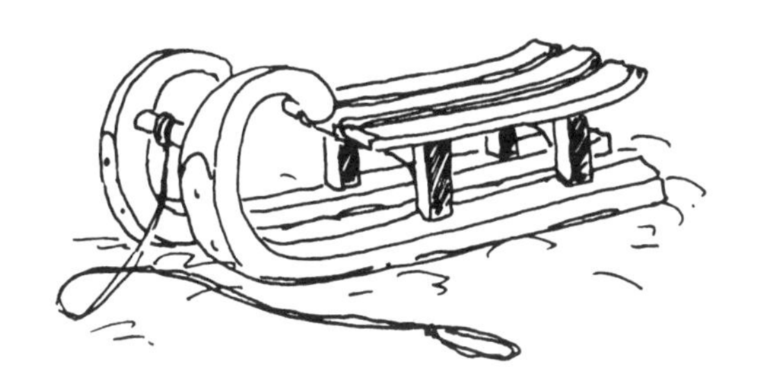

6 ______________________

7 ______________________

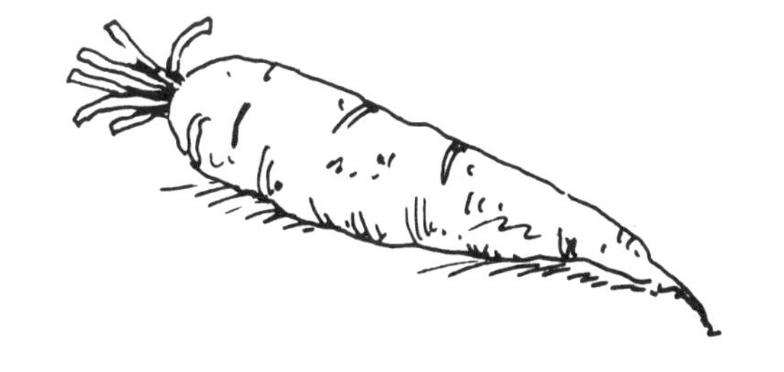

8 ______________________

9 ______________________

10 ______________________

My snowman
Station E2

1. Take the Worksheet and listen to the rhyme.
2. Listen again and repeat it.
3. Learn the rhyme.

Material: cassette, cassette-recorder, text- and picturesheet

Mein Schneemann
Station E2

1. Nimm das Arbeitsblatt und höre dir den Reim an.
2. Höre ihn noch einmal und sprich mit.
3. Lerne den Reim.

Material: Kassette, Kassettenrekorder, Text- und Bildblatt

My snowman

My snowman is so big and cold.

His broom is brown, his hat is old.

His nose is red, his eyes are black.

His arms are short.

His name is Mac.

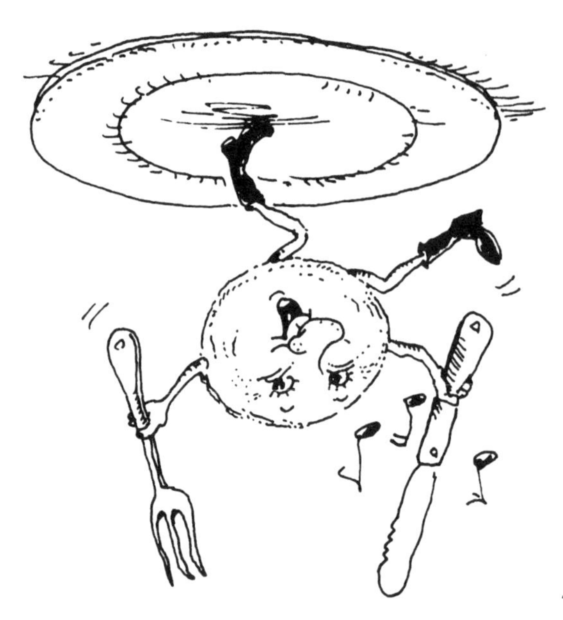

Material: cassette, cassette-recorder

3. Sing it again and find movements to describe what the song is about.
2. Try to sing it.
1. Listen to the song.

I'm Billy

Station E3

Ich bin Billy

Station **E3**

1. Höre dir das Lied an.
2. Versuche es zu singen.
3. Singe es noch einmal und finde Bewegungen, die den Inhalt des Liedes beschreiben.

Material: Kassette, Kassettenrekorder

I'm Billy, the dumpling
round like a ball.
I jump and I sing
I'm so round I can't fall.

The hungry rabbit

Station E4

1. Höre dir den Text an und lies den Text.
2. Nimm die Bildkarten.
3. Höre dir den Text nochmals an.
4. Sortiere die Bilder passend zum Text.
5. Wenn du es richtig gemacht hast erhältst du ein Lösungswort.

Material: Kassette, Kassettenrekorder, Bildkarten

A little white snowman
Had a carrot nose.
Along came a hungry rabbit
And what do you suppose?

It was looking for lunch –
and took the snowman's nose,
yum, yum, crunch, crunch.

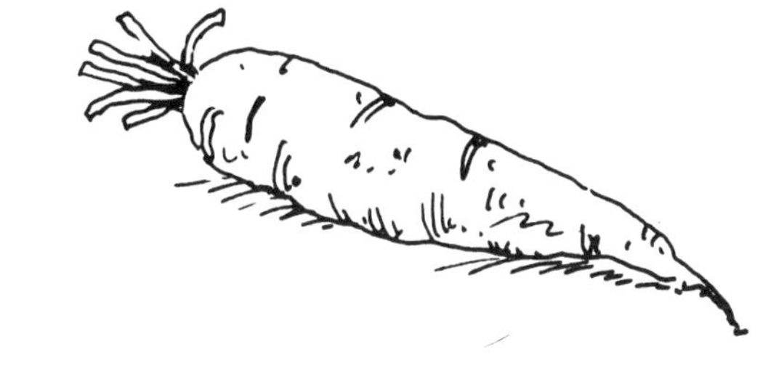

The hungry rabbit

Station E4

1. Listen to the text and read the text.
2. Look at the picture cards.
3. Listen to the text again.
4. Put the pictures into the correct order according to the text.
5. If the pictures are in the right order you can see the answer.

Material: cassette, cassette-recorder, picture-cards

A little white snowman
Had a carrot nose.
Along came a hungry rabbit
And what do you suppose?
It was looking for lunch –
and took the snowman's nose,
yum, yum, crunch, crunch.

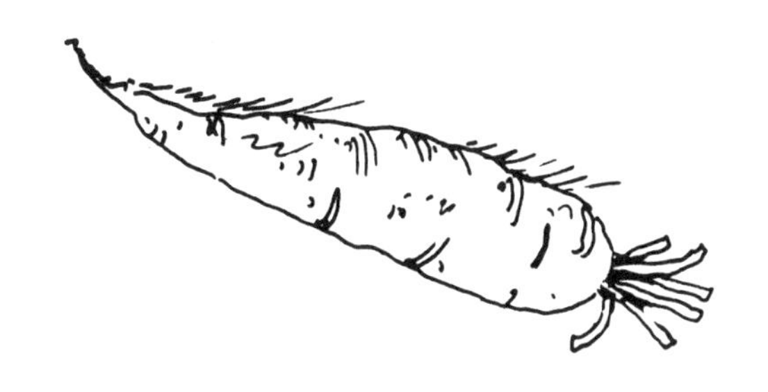

© Cornelsen Verlag Scriptor, Berlin • Lernen an Stationen • Themenheft »Seasons – Die Jahreszeiten« 45

a
n
o
w
s
m
crunch crunch
n

Dot to dot

Station **E5**

1. Take a worksheet.
2. Draw a line with your pencil from one number to the next.
3. Colour in your picture.
4. Tell another child what you can see in the picture.

Material: worksheet, colouring pencils

Von Punkt zu Punkt

Station **E5**

1. Nimm ein Arbeitsblatt.
2. Ziehe eine Linie von einer Zahl zur nächsten.
3. Male das Bild an.
4. Erzähle einem anderen Kind, was auf dem Bild zu sehen ist.

Material: Arbeitsblatt, Buntstifte

CLOUD
SUN
BROOM
CAP
CARROT
EYE
TREE
SCARF
BOY
SNOWMAN
SNOWBALL
SNOW